HAZ UNA PREGUNTA

AL LIBRO MÁGICO

TE RESPONDERÁ...

El Libro Mágico es tu guía de espiritualidad.

Te permitirá dejar que tu intuición te guíe hacia las respuestas que necesitas.

Haz tu pregunta en voz baja y piénsalo unos instantes mientras pones la mano sobre el libro.

Desplázate por las páginas sin

mirar durante unos segundos y

detente cuando tu

Detente cuando tu instinto te diga

que la respuesta está ahí.

Como todas las artes adivinatorias

El Libro Mágico requiere

práctica y reflexión.

Le deseamos un buen viaje hacia los

misterios de lo desconocido.

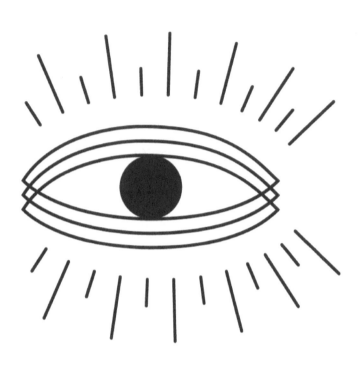

En el fondo

sabes la verdad.

Acepta ver lo

que escondes.

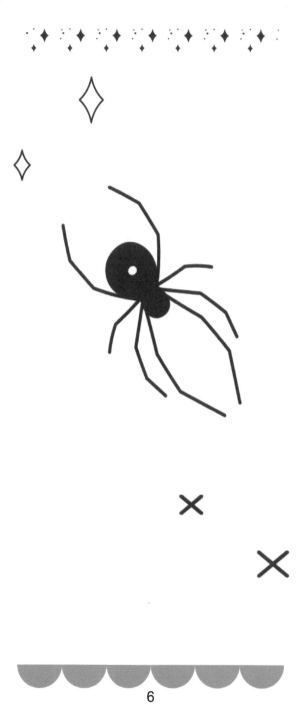

Definitivamente

En absoluto.

Pronto encontrarás días felices. Porque después de la lluvia viene el buen tiempo.

A primera

vista, no.

Esta vez será

el momento

adecuado.

El libro está a

la espera de más

preguntas

relevantes.

El libro está

seguro de esto !

Deja este tema

a un lado.

No tengo opinión al respecto.

Es probable

que.

Nada es

imposible.

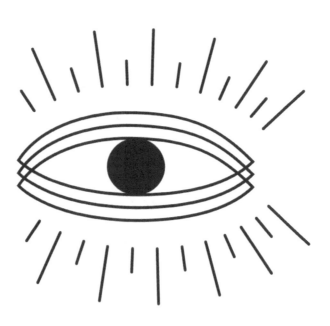

El éxito le

espera.

Esta iniciativa

resultará

beneficiosa.

Sí, dice.

Por supuesto.

Casi.

Absolutamente

El amor es la mejor medicina y no se puede comprar.

Será más

difícil de lo que

crees.

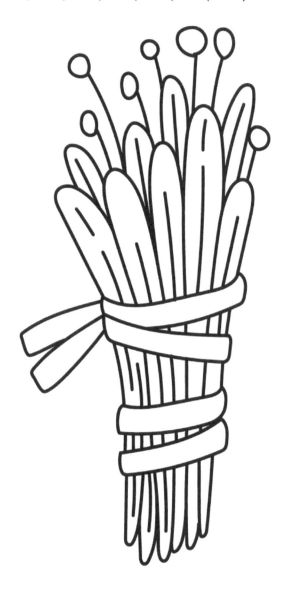

Redoblar los esfuerzos por lo que se quiere conseguir.

Tienes la fuerza

dentro de ti.

Nadie te

detendrá.

48

Sin duda

alguna !

Si todo va

según lo

previsto, tienes

una

oportunidad.

Reformule su

pregunta.

Un poco más

de

concentración es

lo que necesitas.

Por supuesto.

Hay algunas respuestas que es mejor no escuchar.

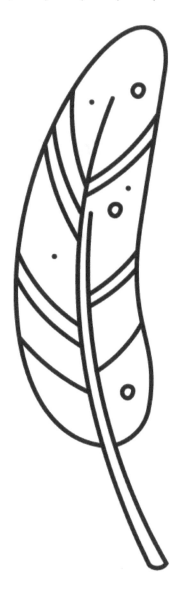

Las verdades,

incluso las más

duras, son más

fáciles de escuchar

cuando se dicen

con dulzura.

En un futuro

próximo no.

Lo que no entiendes no carece de interés.

No hay nada

que puedas

hacer para

detener lo que

debe suceder.

Ciertamente.

¡Definitivamente!

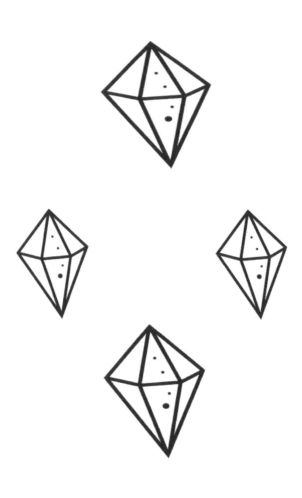

Algunas verdades no son universales. Tómate el tiempo de adoptar el punto de vista de los demás.

Todas las cosas

grandes tienen

un principio.

Estás en el

camino

correcto.

El remedio es peor que la enfermedad. No lo hagas.

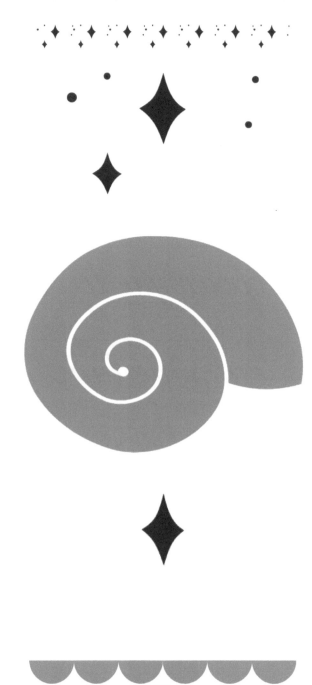

Sí !!

La fortuna favorece a los audaces. Las estrellas están alineadas a tu favor.

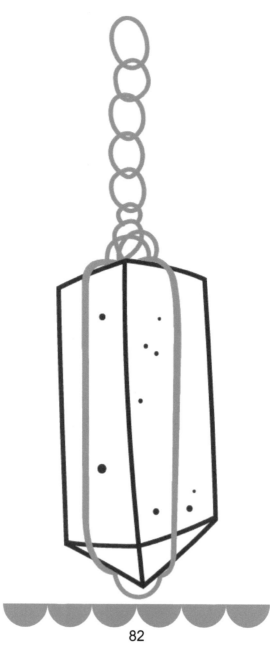

No depende

sólo de ti.

Su solicitud no

es factible.

Su deseo es

accesible.

Pero sea más

ambicioso en el

futuro.

Un día sí,

pero no hoy.

Sí !

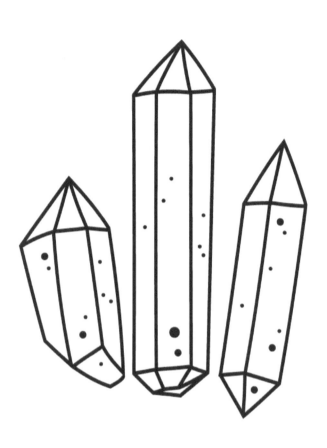

Mantener la

esperanza.

Centrarse en

otro tema.

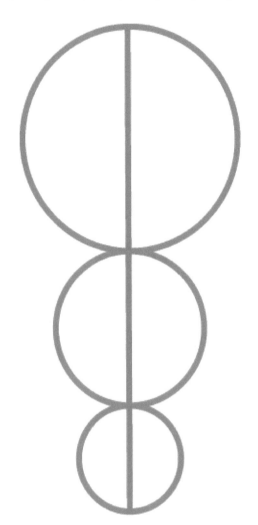

Sí. Su

excelente

iniciativa

tendrá éxito.

En absoluto.

Posible.

Sí, pero tendrás que esforzarte más.

No tengo

opinión al

respecto.

Es probable

que !

Nada es imposible. Tienes todos los recursos que necesitas.

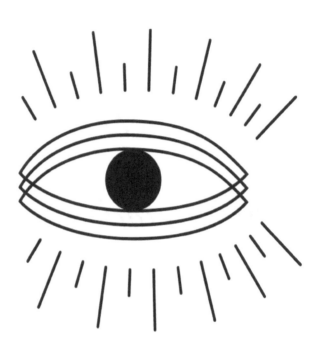

Nunca.

Prueba otra

cosa.

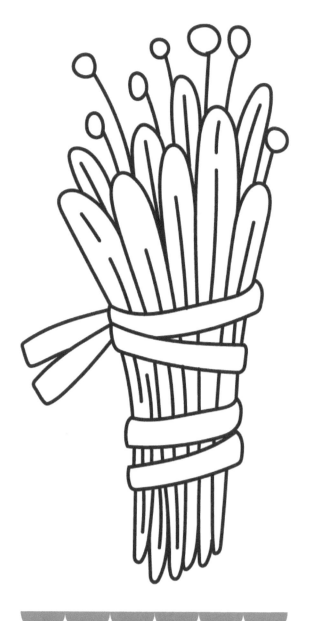

Redoblar los esfuerzos por lo que se quiere conseguir.

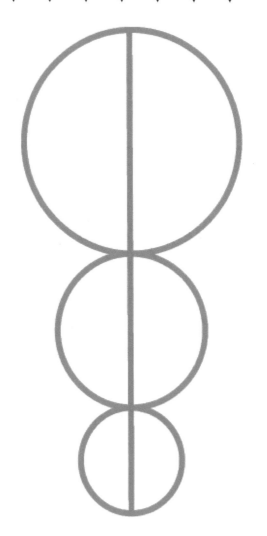

Creo que es les

posible !

Todavía tendrá

que ser paciente.

Pero sucederá.

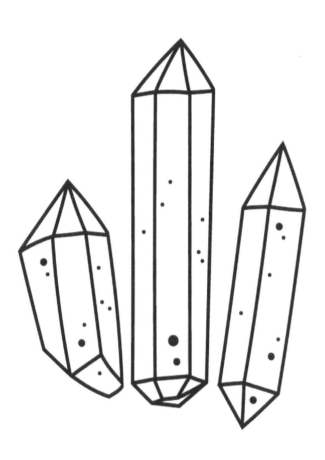

Estás en el

camino

correcto. Su

iniciativa

tendrá éxito.

Soy pesimista

al respecto.

No.

Sí.

Es concebible. Tu petición puede ser cumplida por tu presencia de ánimo y tu armonía con este libro.

No tengo

opinión al

respecto.

Sí, habrá
dificultades, pero
tu
determinación
marcará la
diferencia

Nada es

imposible.

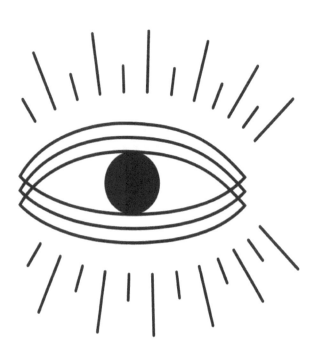

Esta vez no.

Vuelve a pedir

el libro

mañana.

En ningún

caso.

Sí, dice.

Por supuesto.

Casi.

Absolutamente

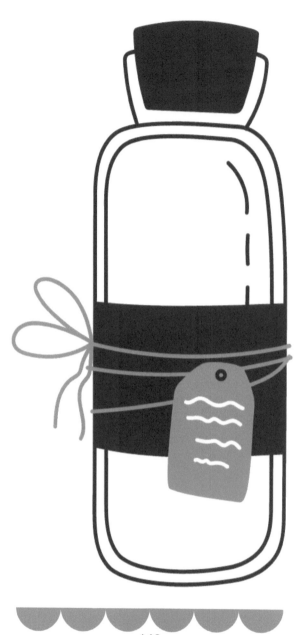

Mantén la esperanza.

Sí, pero tendrás que ser valiente.

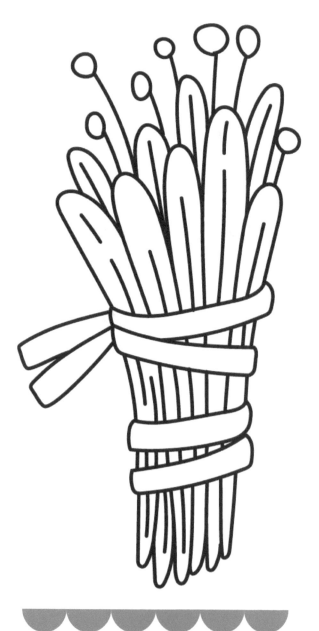

Trabaja duro por lo que quieres conseguir. Sólo tu determinación marcará la diferencia.

Definitivament
e no. Este no
es el camino
correcto.

Sí. Tu felicidad está predicha.

Hay una

posibilidad.

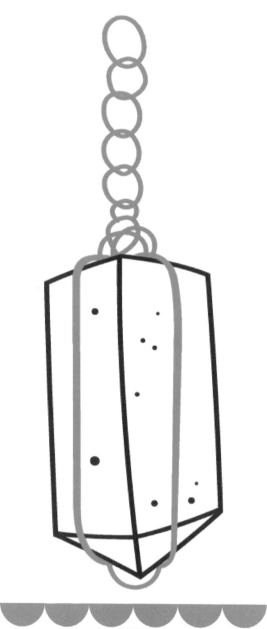

Esto requiere

una reflexión.

Sí.

A veces.

La respuesta es

no.

Esto puede ser.

Sí !

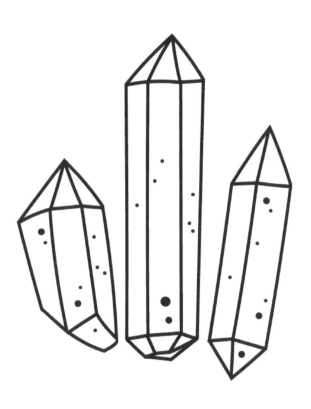

No lo sé.

Perfectamente.

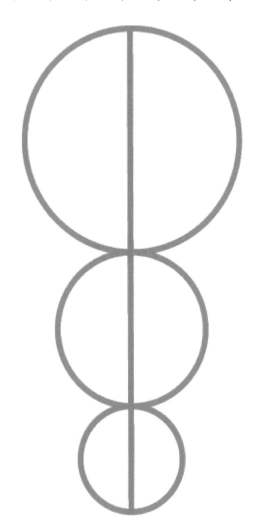

Sí.

En absoluto.

Posible.

Posiblemente

No tengo opinión al respecto.

Es probable

que.

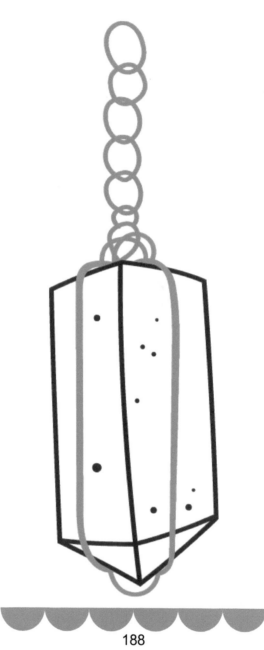

El universo

entero dice

¡Sí!

Made in United States
Troutdale, OR
08/07/2023

11703934R00106